Ramona Roßbach

Grün-Gedichte

vom Werden und Sein

Bibliographische Information der Deutschen Nationalbibliothek:
Die Deutsche Nationalbibliothek verzeichnet diese Publikation in
der Deutschen Nationalbibliographie; detaillierte bibliographische
Daten sind im Internet über http://dnb.dnb.de abrufbar.

© 2023 Ramona Roßbach
Herstellung und Verlag:
BoD – Books on Demand, Norderstedt

ISBN: 978-3-749-44909-5

Inhalt

Vom Hoffen

Bald

irgendwo
in der Ewigkeit
vor graublauem Himmel
zwischen Winter und Werden
hängen am kahlen Baum
die Knospen
in mir
ein hoffnungsgroßes Ahnen

Hoffnungshoch

grüngelbgolden
wächst die Hoffnung
in mir empor
empor
hinauf
weiß nicht wohin
zum Seelenhaus
vielleicht
und weiter

Hoffnungslicht

Frühlingslicht
grüngolden
im Blinzeln
eines neuen Tags
den mythischen Faden aufnehmend
aus unsren Märchenträumen
und weiterspinnend
bis ins Übermorgen
in unverhoffte Weite

Grasgrün

Grasgrün
prangt die Hoffnung mir entgegen,
grasgrün
und gradheraus,
durch nichts
der Farbe zu berauben.

Vom Warten

Winterwarten

Winter –
und der Menschen Sorgen.
Still ist's kalt geworden.
Karg, am Weinberg:
Grünes Warten.
Und die Moose klettern weiter,
in sich nächsten Frühling tragend.

Ermutigung

„Geduld", raunt der Wind in den Bäumen.
„Geduld! Nimm dir Zeit auch zum Träumen
vom Winter, der zum Frühling führt,
und Hoffnung, die zur Freude wird."
„Geduld", raunt der Wind in den Bäumen.
„Geduld! Hab Geduld mit den Träumen."

Sehnsuchtsort

Sehnsuchtsort
am Ende meiner Blicke
am Anfang eines Traums

wortlos rufend
mit tausend Gedichten
aus Blütenmeer
und Freiheitslüften

nahbar fern
am Horizont
zwischen meinen Zeiten

Seelengruß voll Neubeginn

Novembergrün

Sonnen-Sucher
hellgrüne Tage
irgendwo zwischen
Dämmern und Schweigen
Lichtstrahl gefunden
Kraftort November
Nebeloase

Geläut am Karsamstag

lauschen
wüstem Glockensturm
der Dissonanzen
dem Schreien der Schöpfung
am helllichten Tag

lauschen
dem Meer
aus unglatten Wogen
unserer Unruh
im Stürmen der Welt

lauschen
dem Verebben
lauter Töne
und dem was bleibt
im Inneren

lauschen
auch dem letzten Ton
bevor er sacht
zur Stille wird

lauschen
leis
dem Neubeginn

Ich glaube

Ich glaube an die Auferstehung,
an den Triumph der lebendigen Hoffnung
und unendlichen Freude,
die stärker sind als jede Ungewissheit.

Ich glaube an die Kraft des Seins,
die aus einem winzigen Samenkorn
ganze Welten entstehen lässt,
grünend vor Zuversicht.

Ich glaube an den Frühling
draußen vor meiner Haustür
und in meinem Herzen

und an das Leben,
das sich nicht unterkriegen lässt,
ja, selbst auf Gräbern noch blüht.

Ich glaube an den unbedingten Sinn allen Seins,
die Auferstehung vom Vergänglichen
hin zu Liebe und Licht,
verborgen so oft
und doch gerade jetzt wie offenbar
im lebendigen Gleichnis
frühlingsblühenden Glücks.

Vom Werden

Kastanienwarten

Knospe, einsam suchend
Lebensatem, Grün.

Blätterhand, noch winzig,
sehnend sich nach Blühn.

Blätter, weit geöffnet,
hin zum Licht geneigt.

Grünes Dach voll Blüten:
Wunder, ganz befreit.

Frühlingsleicht

Ein sanftes Rosa trägt die Welt
und Weiß, viel Weiß als Friedensgruß.
Was noch scheint kahl,
hat grünen Schimmer.
Wer weiß, wie bald,
als sei's für immer,
hier alles, alles gut sein muss.

Erwachen

weiße Glöckchen läuten noch
den Frühling ein
aus tiefen violetten Kelchen
trinkt Schmetterling schon Sommertraum
und grün und zart
in Lichtes Farbe
sirren Schwingen durch die Luft
ganz leicht
das Leben ruft

Grün verträumt

grün verträumte
Weidenzweige
wo Gedanken
karg
noch hängen
hängen sonnengoldbraunweit
grün versonnen
Weidenzweige
leis erwachend
Leben träumen

Weidenbaum am Ufer

grünes Wunder
mitten im schlafenden Grau
der Stadt
grünes Wunder
von Moosen behütet seit Wintertagen
grünes Wunder
zum Wasser sich streckend
Blatt für Blatt
ganz ruhend in sich und starken Ästen
die weiter tragen
grünes Wunder
unverhofft
das Leben und neue Zukunft
verkündend

Grüngold

das Grüngold meiner Träume
ist überall
im Frühlingswerden
kastanienhoch
und blattesklein
soweit der Blick ins Morgen reicht
auf lichtumspielten Wegen

Den Frühling atmen

den Frühling atmen
noch bevor die Bäume grünen

den Vogelstimmen lauschen
und dem leisen Lied
hoffnungswärmender Sonne

eins sein
mit den Farben zarten Blühens
hier und da am Wegesrand

entrückt vom Alltag
noch bevor die Bäume grünen
den Frühling atmen
mit der Seele

Beginn

Unbedingtes Grün durchbricht
Schattengrau.
Frühling spielt mit Luft und Licht
punktgenau.
Zartes Ahnen von der Fülle
schwelgt in Stille.

Kastanien, woher?

Kastanien, woher
kam das zarte, sanfte Grün,
das nun eure Zweige schmückt,
gleich ganz frischem, neuen Blühn,
wie vom Leben grad entdeckt?

Woher kam es, woher
nach winterlanger Ruh?
Weshalb ist's und wozu?
So vieles ich erklär,
doch niemals den Beginn.

Staunend bin ich vor dem Grün,
in dem schon alles liegt,
Wozu und Woher,
Geheimnis und Sinn.

Werdend

aus Fäden von gestern die Zukunft knüpfen
unter derselben Sonne
mit abertausend Billionen Atomen
die immer schon waren
und heut wieder werden
ein Weg vor mir
neu

16

Aprilblättergrün

Du

Grünendes,

du Werdendes,

du himmelhoch dich Erdendes,

du Wachsendes,

Gestaltendes,

ins Leben dich Entfaltendes,

du Prachtvolles

und Machtvolles,

so zartes und doch kraftvolles

Geheimnis, das ewig

sich öffnend

mir spielt!

Vom Erden

Frühlingsschritte

Grün riecht das Gras
und nach Sommer der Boden,
wo federnde Schritte den Frühlingsgruß gehen
nach kühl-stillem Winter
um sich zu erden
und Lebens Geheimnis ganz neu zu verstehen.

Gesegnet

Grüner wird das Gras
mit jedem Schritt, den meine Seele
fröhlich zu sich selber geht.

Wiesen-eins

Gelbe Punkte Lebensfreude,
sonnenfarbner Überschwang,
und in violett-blauen Blumen
feiner Mystik Nachtgesang.
Wiesengrün ist satt bereitet,
pinke Tupfen glühen vor Sinn,
Seeles Horizont sich weitet
zu dem einen Allen hin.

Waldflüstern

Grün klettern Moose
auf Bäumen
und träumen versonnen.
Erdig stehen Wurzeln
an Wegen aus Ruh.
Gemächlich führen Pfade
ins Innre des Lebens.
Ganz still wispern Winde
und Blätter hören zu.

Moos-Stein-Kosmos

Kleiner Kosmos Moos-Stein-Welt
am Rand vom Bahnhofsplatz,
ein Sonnenstrahl dein Grün erhellt
und offenbart den Schatz

aus Wachsen und Geheimnis-Sein,
aus waldesgleichem Aufwärts-Streben,
Beständigkeit und sattem Leben,

aus schroffem Stein und samtnem Moos,
du Welt in Welten, ganz klein groß.

Moose

kleine Bäume
hellgrün moosgrün
sich erhebend
sternförmig
zierlich
geduldig
nach allen Seiten strebend
an kargen Steinen
beharrlich kletternd
entfaltend sich
in grünen Bollen Lebensglück
so überbordend
still vergnügt
vor Lebenslust und Frieden

Moosgrün

Moosgrün an Bäumen, an Wurzeln und Ästen,
Moosgrün an Steinen, an Mauern und Zeit,
Moosgrün, ganz alt und neu, könnt man meinen,
Moosgrün voll Hoffnung im Herzen so weit.

Wintermoos

Ein Grün sprengt den Rahmen
von Winters fast farblosem
Düster-Grau-Braun,
sagt leuchtend sein Amen
und lässt uns still schaun.

Kohlgrün

Kohlröschen und Rosenkohl,
was machen die wohl?
Die liegen im Winter
an Marktständen aus
und bringen ein Grün
in die dunkelnde Zeit.
Geschmackvoll ästhetisch
sind sie hier zu Haus,
und ist auch der Sommer
noch weit.

Vom Sein

Rat

die Bäume um Rat fragen
wenn die Seele überfließt

die Bäume um Rat fragen
und mit ihnen

die Ruhe der Erde aufnehmen
und die Weisheit des Himmels

die Bäume um Rat fragen
und loslassen
was überflüssig geworden

die Bäume um Rat fragen
in der Mitte meiner selbst
und hören

das ist der Anfang vom Wandel

Waldoase

Wald atmen
mit den Bäumen
in den Himmel wachsen
und Wurzeln schlagen
im Leben

Basilikum

Basilikum
wie eine Trophäe
trage ich dich
beseelt
von deinem grünen Duft
nach Sonne und Oliven
der Urlaub auf der Fensterbank
zum Greifen nah
das kleine Glück
aus Blattgenuss
und unverhohlner Frische

Kleine grüne Pflanzen

In mancher Mauer schmaler Ritzen
sieht man wie Hoffnung froh aufblitzen
kleine grüne Pflanzen.
So manches Mal auf Stadtbalkonen,
wo wenig wächst, sieht man sie thronen:
kleine grüne Pflanzen.
Im Alltag, auch am Wegesrand,
schon oft ein Glücksmoment entstand
dank kleiner grüner Pflanzen,
erzählend mir vom Ganzen.

Regen

Regenguss
regnet grau
in mein Denken.

Trübsinn
schleicht fade
durch's Nass.

Ginkgo grüßt grün
und Welt
jubelt neu.

Urlaubsheute im Weinberg

daheim sein
wo die Weinberge in den Himmel wachsen
und Reben sich ranken
als habe es nie etwas anderes gegeben
als diesen Moment
Gedeihen und Werden
Erfüllung und Sein

Grünend

Heute ist der Tag,
an dem das Herz
sein Leuchten spürt.

Heute ist der Tag,
an dem die Hoffnung
sich auf bis in den Himmel schwingt.

Heute ist der Tag,
an dem, im Äußeren ganz unberührt,
neue Welten Grün entstehen.

Weitergabe

Ein Grün geht um die Welt,
Hoffnung reichend
von Baum zu Baum.

Ein Grün geht um die Welt,
Freude teilend
von Herz zu Herz.

Ein Grün geht um die Welt,
verfängt sich im Wind,
schlägt Wurzeln,
ganz neue,
in mir.

Im Stadtpark

Wasser fällt in sanftem Schleier
   aus Springbrunnenschalen,
Musiker spielt seichte
   Akkordeonmelodie,
Bäume stehn leise
   in hellem Grün.

Wasser tost in dicken Tropfen
   winddurchwoben nieder,
Musiker wirft schnelle Lieder,
Bäume schaun weise,
   sattes Grün.

Wasserkaskaden in stetigen Tropfen,
Musikers Rhythmen klopfen,
Bäume blühn
   leise.

Leben läuft.

Im Park

wo die Welt noch in Ordnung ist
im grünenden Park
zwischen den spielenden Flüssen der Zeit
da gibt es weder arm noch reich
die Wiese zum Sitzen, zum Spielen, Verweilen
ist für alle da
der Brunnen
wirft Perlen aus funkelndem Nass
genug für alle
Sonnenstrahlen
laden grad zum Träumen ein
und zum Urlaub
unter frischem Blättergrün
wo streunende Gitarrenklänge
durch freie Lüfte weiterziehn
ins Jetzt hinein
nach morgen
wo Augenblick und Sein genügt
und Alltags Insel blüht vor Glück
zwischen den spielenden Flüssen der Zeit
im grünenden Park
wo die Welt in Ordnung schon ist

Kastanienschattengrün

Kastanien,
in eurem Schatten
bin ich aufgehoben
und geborgen,

in eurem Schatten
will ich sein
eine Zeit lang
und bleiben,

Kastanien,
euer Lebensgrün ausgießend
auf jede Seele,
die wie ich
am Tage still
vorüberweilt.

Am Walnussbaum

Große Bögen Blättergrün
umfangen mich
und schöpfen aus Tiefe
Geduld.

Baumschau

Zartes Grün, sich hoch erhebend,
volles Grün, zur Erde strebend,
golden leuchtend, dunkel, satt,
mich umgebend, Blatt für Blatt,
mit bedingungslosem Hoffen
auf das Leben. Ausgang: offen.

Lebensbaumgrüngold

Lebensbaum
in dir
das Schwere das Leichte
das Fließen und Werden
das Träumen und Sein
grün-rot-braun-golden
die Farben der Erde
im Himmelslichtschein
das Wagnis das Neue
das Alte das Treue
und wieder und wieder
ein Geben und Blühn

Und weiter

Nachherbstgrün

nach dem Herbst
wenn die Farben schwinden
bleibt ein Grün
überbordend
vor Lebensleuchten
die Wiese liegt
als Teppich Hoffnung
ausgebreitet
weit
ganz weit
zu fernen Horizonten
tragend

Vorhaben

Lasst uns die Zukunft stricken,
bunt leuchtend grün,
aus einer Handvoll Hoffnung
mit einem Herzen Leichtigkeit.

Nochmal von vorn anfangen

nochmal von vorn anfangen
wie die grünenden Bäume im Mai
unbedarft
der Zukunft entgegenspazieren
im Sonnenschein
des neuen Tages
die Welt steht offen
und alles
jeder Weg
ist möglich
von vorn anfangen
ganz von vorn
wo gar nichts ist
zum Glück
ist hier
schon immer irgendwas
ganz von vorn anfangen
am Anfang
wie aufwändig das wäre
nochmal anfangen
wo gar nichts war
das machen auch die Bäume nicht
sie machen weiter
neu

Sehend

Schließe die Augen.
Du trägst das Meer in dir
und Weite.

Öffne dein Herz.
Du trägst den Wald in dir
und all sein Werden.

Schließe die Augen.
Du trägst das Licht in dir
und weiter.

Zuversicht

mein Grün will ich dir anbieten
das Grün eines Weidenbaumes im Frühling
lichtdurchflutet

in feinen Kaskaden
sein Leuchten dir schenkend
Blatt um Blatt

voll neuer Lebenskraft
das Innere nach außen gebend
beseelt von Lichtes Quelle

mein Grün anbieten will ich dir
das Grün eines Weidenbaumes
glücküberfließend im Frühling